Shadows Over Copenhagen: Bilingual Danish-English Stories for Danish Language Learners

Pomme Bilingual

Published by Pomme Bilingual, 2024.

While every precaution has been taken in the preparation of this book, the publisher assumes no responsibility for errors or omissions, or for damages resulting from the use of the information contained herein.

SHADOWS OVER COPENHAGEN: BILINGUAL DANISH-ENGLISH STORIES FOR DANISH LANGUAGE LEARNERS

First edition. December 7, 2024.

Copyright © 2024 Pomme Bilingual.

ISBN: 979-8230443124

Written by Pomme Bilingual.

Table of Contents

En Lille Ting, Jeg Husker

På hjørnet af en stille gade i København lå Agnes' café, *Agnes' Hyggekrog*. Det var et sted, hvor man kunne finde alt fra friskbrygget kaffe til hjemmebagte kager – og måske vigtigst af alt, en snak med Agnes selv. Hun var en kvinde i slutningen af tresserne, med krøllet gråt hår og et smil, der altid kunne varme selv den koldeste vinterdag.

Agnes stod bag disken og piskede flødeskum til dagens hindbærtærte, da en duft af nybagt brød fyldte caféen. Hun standsede et øjeblik og lukkede øjnene. Duften bragte hende tilbage til hendes første møde med Otto, hendes afdøde mand, for over 40 år siden.

Otto var kommet ind i hendes liv som en hvirvelvind. Han havde været en mand med store armbevægelser og et hjerte, der elskede mad næsten lige så meget, som det elskede Agnes. Han havde en vane med at danse midt i køkkenet, når han var i godt humør, og han lavede altid rod, når han forsøgte at lave mad. Men Otto havde også sin signaturret: en krydret kartoffelsalat, som han kaldte *Otto-specialen*.

Agnes sukkede, mens hun fortsatte med at piske flødeskummet. Det var over ti år siden, Otto var gået bort, men hans ånd levede videre i caféen. Billedet af ham stod stadig på hylden bag disken – et billede, hvor han grinede med en skål kartoffelsalat i hænderne.

En klokke klirrede, og døren åbnede. En ung mand i starten af trediverne trådte ind og smilede varmt.

"Godmorgen, Agnes," sagde han. "Jeg tager som altid en kop kaffe og en skive af din hindbærtærte."

Agnes lo. "Som altid, Mads. Du er en mand af vaner."

Mens hun gjorde hans ordre klar, faldt hendes blik igen på Ottos billede. En idé begyndte at tage form i hendes hoved. Caféens menu havde ikke ændret sig meget de sidste ti år. Måske var det på tide at puste nyt liv i den – og hvad bedre måde end at inkludere Otto-specialen?

Samme aften fandt Agnes sin gamle opskriftsbog frem. Hun bladrede gennem siderne, der var plettede med sauce og kaffe, indtil hun fandt Ottos håndskrevne opskrift på kartoffelsalaten.

"En smule sennep, lidt eddike, og masser af kærlighed," stod der i Ottos store, krøllede håndskrift. Agnes smilede for sig selv. Hun kunne næsten høre hans stemme, mens hun læste opskriften.

Hun besluttede at lave retten præcis som Otto havde gjort. Køkkenet blev hurtigt fyldt med dufte af friske krydderurter og ristede kartofler. Mens hun arbejdede, mindedes hun alle de små ting, der gjorde Otto til Otto – den måde, han altid nynnede, når han lavede mad, og hvordan han insisterede på at smage hver eneste ret mindst tre gange.

Næste morgen annoncerede Agnes, at caféens menu havde fået en ny tilføjelse. "Otto-specialen," sagde hun stolt til sine stamkunder.

"En kartoffelsalat?" spurgte Mads skeptisk.

"Nej, ikke bare en kartoffelsalat," rettede Agnes ham. "En kartoffelsalat med historie."

Kunderne prøvede den nye ret, og snart begyndte rygtet at sprede sig. Otto-specialen blev en succes, og folk kom ikke kun for maden, men også for historien om manden bag retten.

På en særlig travl eftermiddag satte Agnes sig et øjeblik og kiggede ud over caféen. Hun kunne næsten forestille sig Otto, der stod ved siden af hende og nikkede anerkendende.

"Godt gået, min pige," hviskede hun til sig selv og mærkede en lille tåre trille ned ad kinden.

For Agnes handlede det ikke kun om kartoffelsalaten. Det handlede om at holde mindet om Otto i live, at dele hans kærlighed til mad og livsglæde med alle, der kom ind i hendes café.

Og hver gang duften af Otto-specialen fyldte rummet, følte Agnes, at han stadig var der – dansende i køkkenet og efterladende rod, som han altid gjorde.

A Little Thing I Remember

On the corner of a quiet street in Copenhagen stood Agnes' café, *Agnes' Hyggekrog*. It was a place where you could find everything from freshly brewed coffee to homemade cakes – and perhaps most importantly, a chat with Agnes herself. She was a woman in her late sixties, with curly gray hair and a smile that could warm even the coldest winter day.

Agnes stood behind the counter, whipping cream for that day's raspberry tart when the scent of freshly baked bread filled the café. She paused for a moment and closed her eyes. The smell took her back to her first meeting with Otto, her late husband, over 40 years ago.

Otto had come into her life like a whirlwind. He was a man of grand gestures and a heart that loved food almost as much as it loved Agnes. He had a habit of dancing in the kitchen when he was in a good mood, and he always made a mess when trying to cook. But Otto also had his signature dish: a spicy potato salad that he called *Otto's Special*.

Agnes sighed as she continued whipping the cream. It had been more than ten years since Otto had passed, but his spirit still lived on in the café. His picture still stood on the shelf behind the counter – a photo of him smiling with a bowl of potato salad in his hands.

A bell jingled, and the door opened. A young man in his early thirties stepped in and smiled warmly.

"Good morning, Agnes," he said. "I'll have my usual – a coffee and a slice of your raspberry tart."

Agnes laughed. "As always, Mads. You're a man of habit."

As she prepared his order, her gaze fell once more on Otto's picture. An idea began to form in her mind. The café's menu hadn't changed much in the last ten years. Maybe it was time to breathe new life into it – and what better way than to include *Otto's Special*?

That evening, Agnes dug out her old recipe book. She flipped through the pages, stained with sauce and coffee, until she found Otto's handwritten recipe for the potato salad.

"A bit of mustard, a little vinegar, and lots of love," it said in Otto's large, curly handwriting. Agnes smiled to herself. She could almost hear his voice as she read the recipe.

She decided to make the dish exactly as Otto had done. The kitchen soon filled with the scents of fresh herbs and roasted potatoes. As she worked, she remembered all the little things that made Otto, well, Otto – the way he always hummed while cooking, and how he insisted on tasting every dish at least three times.

The next morning, Agnes announced that the café's menu had a new addition. "*Otto's Special*," she proudly told her regulars.

"A potato salad?" Mads asked skeptically.

"No, not just a potato salad," Agnes corrected him. "A potato salad with a story."

The customers tried the new dish, and soon the word began to spread. *Otto's Special* became a success, and people came not only for the food but also for the story of the man behind the dish.

On a particularly busy afternoon, Agnes sat for a moment, looking out over the café. She could almost imagine Otto standing beside her, nodding in approval.

"Well done, my girl," she whispered to herself, feeling a small tear roll down her cheek.

For Agnes, it wasn't just about the potato salad. It was about keeping Otto's memory alive, sharing his love for food and zest for life with everyone who walked into her café.

And every time the scent of *Otto's Special* filled the room, Agnes felt that he was still there – dancing in the kitchen and leaving a mess, just like he always did.

Kystens Stilhed

Anders stod på klippetoppen og kiggede ud over havet. Det var en blæsende eftermiddag på Jyllands vestkyst, hvor vinden altid bar en duft af salt og tang. Havet lå tungt og gråt foran ham, kun brudt af de hvidskummende bølger, der slog mod klipperne.

Han havde boet her alene i over ti år, siden han lagde sit fiskeri på hylden. Hans lille hus lå et par hundrede meter inde i landet, men han gik hver dag ned til kysten for at se havet, lytte til vinden og mindes de dage, hvor han sejlede ude på de samme farvande.

Han bar stadig de samme støvler og den slidte uldtrøje, han havde båret som fisker. De var slidte, ligesom ham. Anders var ikke en mand af mange ord; han foretrak stilheden og ensomheden.

Men den eftermiddag blev stilheden brudt.

En ung kvinde dukkede op på stien bag ham. Hendes hår fløj omkring hende i vinden, og hun holdt fast i sin hat, mens hun kæmpede sig frem mod ham. Hun var ikke fra området – det kunne han se på hendes tøj og den lille rygsæk, hun bar.

"Undskyld," råbte hun over vinden. "Er der et sted i nærheden, hvor jeg kan finde ly?"

Anders vendte sig og så på hende. Hendes kinder var røde af kulden, og hun så træt ud. Han pegede mod sit hus uden at sige noget og begyndte at gå tilbage ad stien. Hun fulgte efter.

Inde i huset tændte han en gammel brændeovn, og snart fyldtes rummet med varme. Kvinden satte sig i hans slidte lænestol, mens han satte en kedel vand over for at lave te.

"Jeg hedder Freja," sagde hun og rakte hånden frem.

"Anders," svarede han kort og tog ikke hendes hånd.

Hun smilede lidt akavet, men sagde ikke mere. I stedet kiggede hun rundt i rummet, hvor der hang billeder af fiskerbåde, havet og et enkelt fotografi af en ung familie.

"Er det din familie?" spurgte hun og pegede på billedet.

Anders stivnede et øjeblik, men nikkede.

"De er ikke her mere," sagde han kort.

Freja fornemmede, at emnet var følsomt, så hun spurgte ikke videre. I stedet begyndte hun at fortælle om sig selv – hvordan hun rejste alene rundt i Danmark for at finde inspiration til sine malerier.

Efterhånden som tiden gik, begyndte Anders at åbne op. Måske var det Frejas lette, nysgerrige væsen, eller måske var det simpelthen behovet for at tale med nogen efter så mange års tavshed.

Han fortalte om sin tid som fisker, om de hårde vintre og de sjældne, men smukke somre. Han fortalte også om sin familie

– hans kone, Anna, og deres søn, Jakob. De havde forladt ham for mange år siden, da han blev for opslugt af arbejdet og isolationen.

Freja lyttede uden at afbryde, og da han endelig var færdig, sad de i stilhed i et stykke tid.

"Tror du, de stadig tænker på dig?" spurgte hun til sidst.

Anders trak på skuldrene. "Måske. Men det er for sent nu."

Freja rystede på hovedet. "Det er aldrig for sent."

Næste dag fulgte Freja med Anders ned til kysten. Hun tog sin skitseblok frem og begyndte at tegne, mens Anders stirrede ud over havet. Hun tegnede ikke kun landskabet, men også ham – en mand, der stod fast som en klippe midt i vinden og bølgerne.

Da hun viste ham tegningen, sagde hun: "Du er stadig stærk, Anders. Hvis du kan stå her og kæmpe mod vinden hver dag, kan du også kæmpe for din familie."

Hendes ord ramte ham dybt. Han vidste, hun havde ret.

Da Freja tog af sted et par dage senere, stod Anders på klippetoppen og så hende forsvinde i horisonten. Hun havde efterladt en lille seddel med en adresse – en galleriudstilling i Aarhus, hvor hun ville udstille sine malerier, inklusiv tegningen af Anders på kysten.

Han vidste, at han også måtte tage en rejse. Ikke til Aarhus, men til den by, hvor hans søn Jakob boede – en adresse han havde fået for mange år siden, men aldrig brugt.

For første gang i mange år følte Anders håb. Kystens stilhed havde været hans tilflugt, men måske var det tid til at bryde stilheden og finde sin familie igen.

The Silence of the Coast

Anders stood on the clifftop, gazing out over the sea. It was a windy afternoon on the west coast of Jutland, where the wind always carried a scent of salt and seaweed. The sea lay heavy and grey before him, only interrupted by the white-capped waves crashing against the cliffs.

He had lived here alone for over ten years, ever since he had put his fishing days behind him. His small house sat a few hundred meters inland, but he walked down to the coast every day to see the sea, listen to the wind, and remember the days when he sailed on those same waters.

He still wore the same boots and the worn woolen sweater he had worn as a fisherman. They were as worn as he was. Anders was not a man of many words; he preferred silence and solitude.

But that afternoon, the silence was broken.

A young woman appeared on the path behind him. Her hair flew around her in the wind, and she clutched her hat tightly as she struggled toward him. She was not from the area – he could tell by her clothes and the small backpack she carried.

"Excuse me," she shouted over the wind. "Is there a place nearby where I can find shelter?"

Anders turned and looked at her. Her cheeks were red from the cold, and she looked tired. He pointed toward his house without saying a word and began to walk back along the path. She followed.

Inside the house, he lit an old wood stove, and soon the room filled with warmth. The woman sat in his worn armchair while he put a kettle on the stove to make tea.

"My name is Freja," she said, extending her hand.

"Anders," he replied briefly, not taking her hand.

She smiled a little awkwardly but said no more. Instead, she looked around the room, where pictures of fishing boats, the sea, and a single photograph of a young family hung on the walls.

"Is that your family?" she asked, pointing to the photograph.

Anders stiffened for a moment but nodded.

"They're not here anymore," he said quietly.

Freja sensed the topic was sensitive, so she didn't press further. Instead, she began telling him about herself – how she was traveling alone around Denmark, seeking inspiration for her paintings.

As time passed, Anders began to open up. Perhaps it was Freja's light, curious nature, or perhaps it was simply the need to talk to someone after so many years of silence.

He told her about his time as a fisherman, about the harsh winters and the rare but beautiful summers. He also told her about his family – his wife, Anna, and their son, Jakob. They had left him many years ago when he became too absorbed in work and isolation.

Freja listened without interrupting, and when he finally finished, they sat in silence for a while.

"Do you think they still think of you?" she asked at last.

Anders shrugged. "Maybe. But it's too late now."

Freja shook her head. "It's never too late."

The next day, Freja accompanied Anders down to the coast. She took out her sketchbook and began to draw while Anders stared out over the sea. She didn't just draw the landscape, but also him – a man standing firm like a rock amid the wind and waves.

When she showed him the drawing, she said, "You're still strong, Anders. If you can stand here and fight the wind every day, you can also fight for your family."

Her words struck him deeply. He knew she was right.

When Freja left a few days later, Anders stood on the clifftop and watched her disappear into the horizon. She had left a small note with an address – a gallery exhibition in Aarhus, where she would display her paintings, including the drawing of Anders on the coast.

He knew he, too, had to take a journey. Not to Aarhus, but to the city where his son Jakob lived – an address he had received many years ago but had never used.

For the first time in many years, Anders felt hope. The silence of the coast had been his refuge, but perhaps it was time to break the silence and find his family again.

16

Nattens Skrig

I da trak sin kappe tættere om sig og lyttede. Stilheden i natten var alt andet end beroligende. Den var tung, fyldt med truslen om opdagelse. Hun stod foran en rusten dør i en gammel kælder under Roskilde Domkirke, en bygning, der engang havde stået som et symbol på Danmarks historie, men nu blot var et tomt skal af sin tidligere storhed.

Med en sidste nervøs kig over skulderen skubbede hun døren op. Indenfor ventede det forbudte – bøger, stablet i skæve tårne, fyldte hylder fra gulv til loft. Papirets svage duft blandede sig med lugten af støv og fugt. Det var hendes tilflugt, hendes hemmelighed.

Året var 2142, og bøger var blevet forbudt i det, regeringen kaldte *Ordenens Navn*. Alt, hvad der kunne opildne til fri tænkning eller genkalde minder fra fortiden, var blevet destrueret. Radioer og skærme spyttede kun statens propaganda ud. Ida havde set bibliotek efter bibliotek blive brændt ned, inklusiv det bibliotek i København, hvor hun engang havde arbejdet som arkivar.

Det var dengang, hendes liv havde en rolig rutine – kaffe om morgenen, historiebøger om eftermiddagen, og samtaler med ligesindede kolleger. Men det var også dengang, hun troede på, at det aldrig kunne ske her. Ikke i Danmark.

Ida begyndte at tænde de små lamper, der hang rundt i kælderen. Hun bevægede sig hurtigt og præcist. Hun havde kun et par timer, før hun skulle tilbage til sit skjulested. Regeringens patruljer patruljerede byen om natten, og enhver, der blev fundet uden for deres hjem, blev arresteret – eller værre.

Hun løftede en gammel bog op fra en bunke. Den var slidt, med sider, der nærmest smuldrede under hendes fingre. Titelbladet afslørede dens navn: *Den Danske Ordbog*.

Ida smilede svagt. Sproget, kulturen, historien – det var alt sammen gemt i disse bøger. Hvis hun kunne bevare dem, hvis hun kunne gemme dem for fremtiden, så ville Danmark ikke forsvinde helt, selv hvis regeringen prøvede at slette det.

Midt i sin læsning hørte hun en lyd. En skrigende lyd, der flængede nattens stilhed. Det var ikke et menneskeligt skrig, men lyden af metal mod sten. Nogen var derude.

Hun slukkede hurtigt lamperne og gemte sig bag en af hylderne. Skridtene nærmede sig døren, og hun hørte nogen forsøge at åbne den.

"Hvem er der?" kaldte en stemme. Den var ung, måske en teenager.

Ida tøvede, men skubbede til sidst hylden væk og trådte frem. En ung mand stod i døråbningen. Han var iført en simpel, mørk jakke, og hans ansigt var trukket sammen i et udtryk af både frygt og beslutsomhed.

"Jeg vil ikke gøre dig noget," sagde han hurtigt, da han så hende. "Jeg... jeg hørte om stedet her. Jeg vil hjælpe."

Ida lod ikke sin mistro falde med det samme. "Hjælpe? Hvordan kan jeg vide, at du ikke er en af dem?"

"Jeg er ikke en af dem," insisterede han. "Min søster... hun blev arresteret, fordi hun gemte en bog. Jeg vil kæmpe imod dem."

Hans ord fik Ida til at tøve. Hun havde brug for hjælp, men hun vidste også, at enhver fejl kunne koste hende alt – bøgerne, hendes frihed, hendes liv.

Efter en lang pause lod hun ham træde ind. "Hvis du er her for at hjælpe, så skal du vide, at det er farligt. Hvis du bliver fanget..."

"Jeg ved det," afbrød han. "Jeg er klar."

De næste uger arbejdede de side om side. Ida lærte ham at kategorisere bøgerne, at skjule dem i hemmelige rum, og hvordan man undgik patruljerne. Hun opdagede hurtigt, at han var kvik og lærenem. Hans navn var Mikkel, og han havde en ild i sig, som hun ikke havde set i mange år.

En aften, mens de arbejdede, spurgte han: "Hvorfor gør du det her? Hvorfor risikerer du så meget?"

Ida lagde en bog fra sig og kiggede på ham. "Fordi uden vores historie, uden vores sprog, er vi ingenting. De kan tage vores frihed, men de kan ikke tage vores identitet, hvis vi kæmper for at bevare den."

Deres arbejde blev mere risikabelt, efterhånden som regeringen strammede sit greb om befolkningen. En nat blev kælderen næsten opdaget, da en patrulje gik forbi og bemærkede lysstråler gennem revnerne i døren. Men takket være Mikkels hurtige tænkning – han havde tildækket døren med en gammel presenning – slap de udenom.

Til sidst blev det klart, at de ikke kunne holde biblioteket skjult for evigt. Ida og Mikkel besluttede sig for at smugle bøgerne ud, én efter én, til sikre steder rundt om i landet. De begyndte at rekruttere andre modstandere, mennesker, der var villige til at risikere alt for at bevare Danmarks sjæl.

Hver bog, de reddede, blev en sejr. Og selvom de vidste, at de måske aldrig ville se frugterne af deres arbejde, var de fast besluttede på at kæmpe videre.

En aften, mens Ida stod ved døren til kælderen og kiggede ud over Roskildes mørke gader, hørte hun igen nattens skrig. Men denne gang var det anderledes. Det var ikke lyden af frygt, men en lyd af håb – en fjern sang, der voksede i styrke, da flere stemmer sluttede sig til.

Det var et tegn. Kampen var kun lige begyndt.

The Scream of the Night

<hr>

I da pulled her cloak tighter around herself and listened. The silence of the night was anything but comforting. It was heavy, filled with the threat of discovery. She stood in front of a rusty door in an old basement beneath Roskilde Cathedral, a building that once stood as a symbol of Denmark's history, but now was merely an empty shell of its former grandeur.

With one last nervous glance over her shoulder, she pushed the door open. Inside awaited the forbidden – books, stacked in crooked towers, filling shelves from floor to ceiling. The faint smell of paper mingled with the scent of dust and damp. This was her refuge, her secret.

The year was 2142, and books had been banned under what the government called *In the Name of Order*. Anything that could incite free thought or recall memories of the past had been destroyed. Radios and screens only spewed state propaganda. Ida had witnessed library after library burned down, including the library in Copenhagen where she once worked as an archivist.

It had been a time when her life had a calm routine – coffee in the morning, history books in the afternoon, and conversations with like-minded colleagues. But it was also the time when she believed it could never happen here. Not in Denmark.

Ida began lighting the small lamps hanging around the basement. She moved quickly and precisely. She had only a couple of hours before she needed to return to her hiding place. Government patrols patrolled the city at night, and anyone found outside their home was arrested – or worse.

She lifted an old book from a pile. It was worn, with pages that almost crumbled under her fingers. The title page revealed its name: *The Danish Dictionary*.

Ida smiled faintly. The language, the culture, the history – it was all preserved in these books. If she could save them, if she could hide them for the future, Denmark would not disappear entirely, even if the government tried to erase it.

In the midst of her reading, she heard a noise. A screeching sound that tore through the silence of the night. It wasn't a human scream, but the sound of metal against stone. Someone was out there.

She quickly turned off the lamps and hid behind one of the shelves. The footsteps approached the door, and she heard someone trying to open it.

"Who's there?" called a voice. It was young, perhaps a teenager.

Ida hesitated but finally pushed the shelf aside and stepped forward. A young man stood in the doorway. He was wearing a simple, dark jacket, and his face was drawn in an expression of both fear and determination.

"I won't hurt you," he said quickly when he saw her. "I... I heard about this place. I want to help."

Ida didn't let her mistrust falter right away. "Help? How do I know you're not one of them?"

"I'm not one of them," he insisted. "My sister... she was arrested for hiding a book. I want to fight them."

His words made Ida pause. She needed help, but she also knew that one mistake could cost her everything – the books, her freedom, her life.

After a long pause, she let him step inside. "If you're here to help, you need to know it's dangerous. If you get caught..."

"I know," he interrupted. "I'm ready."

The next weeks they worked side by side. Ida taught him how to categorize the books, how to hide them in secret rooms, and how to avoid the patrols. She quickly discovered that he was sharp and quick to learn. His name was Mikkel, and he had a fire in him that she hadn't seen in many years.

One evening, while they were working, he asked, "Why are you doing this? Why risk so much?"

Ida put a book down and looked at him. "Because without our history, without our language, we are nothing. They can take our freedom, but they can't take our identity if we fight to preserve it."

Their work became more risky as the government tightened its grip on the population. One night, the basement almost got discovered when a patrol passed by and noticed light beams through cracks in the door. But thanks to Mikkel's quick thinking – he had covered the door with an old tarp – they managed to escape.

Eventually, it became clear that they couldn't keep the library hidden forever. Ida and Mikkel decided to smuggle the books out, one by one, to safe places around the country. They began recruiting other resistors, people who were willing to risk everything to preserve Denmark's soul.

Each book they saved was a victory. And even though they knew they might never see the fruits of their labor, they were determined to keep fighting.

One evening, while Ida stood at the door of the basement looking out over the dark streets of Roskilde, she heard the night's scream again. But this time, it was different. It wasn't the sound of fear, but a sound of hope – a distant song that grew stronger as more voices joined in.

It was a sign. The fight had only just begun.

Fuglene

Søren satte sig på færgen og trak frakken tættere om sig. Havvinden var isnende, og bølgerne slog mod skroget i en monoton rytme. Han havde aldrig været på øen før, men brevet, han havde modtaget en uge tidligere, havde været umuligt at ignorere:

"Kom til Fjeldene. Fuglene vil vise dig vejen."

Det var alt, der stod. Ingen afsender, ingen forklaring. Alligevel var det som om, brevet havde råbt hans navn. Som om det kendte ham bedre, end han kendte sig selv.

Søren var professor i litteratur og havde altid været tiltrukket af det usædvanlige. Hans liv havde været roligt, næsten uforstyrret, siden han flyttede til Aarhus for ti år siden. Arbejdet, bøgerne, ensomheden – alt det havde passet ham. Men nu sad han her, på vej til en ukendt ø i Kattegat, styret af en udefinerbar nysgerrighed.

Færgen nærmede sig kajen. Øen var dækket af skov og klipper, med et par spredte huse, der klamrede sig til kysten. Han bemærkede straks, hvor stille det var, som om tiden bevægede sig langsommere her.

Efter at have tjekket ind på det lille pensionat, han havde fundet, gik han ud for at udforske. Stierne var snoede, og grantræerne kastede lange skygger i den nedgående sol. Søren fandt sig selv på toppen af en bakke, hvor udsigten var overvældende – skoven, havet, og de fjerne fjelde, som øen var opkaldt efter.

Det var her, han først så dem: fuglene.

Hundredvis af dem fløj i komplekse mønstre over fjeldene. De bevægede sig som én organisme, og Søren kunne ikke tage øjnene fra dem. Det var som om, de forsøgte at kommunikere noget.

Samme nat drømte han. Han befandt sig i et gammelt bibliotek, fyldt med bøger skrevet på sprog, han ikke kunne forstå. En kvinde med sort hår og en grøn kjole dukkede op. Hun kiggede på ham uden at sige et ord, men hendes øjne var fyldt med en melankoli, der føltes næsten genkendelig.

"Fuglene venter," sagde hun endelig. "Men du skal finde nøglen først."

Da han vågnede, sad han ret op i sengen, med hjertet bankende hurtigt. Drømmen havde føltes så virkelig, som om den havde efterladt en usynlig rest i rummet omkring ham.

De følgende dage blev mere og mere mærkelige. Mens han udforskede øen, begyndte han at finde små tegn – et rustent nøglehul i en gammel egetræsstamme, en sten med indgraverede symboler, og en lille fuglefjer, der lå perfekt placeret midt på stien.

Hver nat drømte han om kvinden i den grønne kjole. Hver gang gav hun ham en ny gåde, der førte ham længere ind i øens mystik.

På den femte dag fandt Søren en skjult sti, der førte op til fjeldene. Det var en stejl og anstrengende vandring, men noget drev ham fremad – en følelse af, at han nærmede sig noget vigtigt.

Da han nåede toppen, ventede fuglene. De sad på klipperne, stille og observerende, som om de havde ventet på ham.

I midten af klippeformationen lå en stor, flad sten, dækket af indgraveringer, der mindede om de symboler, han havde set tidligere. Søren trådte forsigtigt frem og rørte ved stenens overflade.

Et øjeblik føltes det, som om hele verden stod stille. Så kom lydene – fuglenes kald, vinden gennem træerne, og en fjern, melodisk stemme, der syntes at kalde på hans navn.

Han vågnede ved foden af fjeldene, med solen, der steg op over horisonten. Fuglene var væk, og han kunne ikke huske præcis, hvad der var sket. Men noget havde ændret sig.

Da han rejste tilbage til fastlandet, følte han sig let, næsten vægtløs. Brevet, drømmene, fuglene – det hele var som et slør, der havde løftet sig.

Søren vidste, at han aldrig ville finde et klart svar på, hvad der var sket på øen. Men måske var det heller ikke meningen. Måske var det nok at vide, at han havde været der, at han havde set fuglene, og at de på en eller anden måde havde ændret ham.

The Birds

———

Søren sat down on the ferry and pulled his coat tighter around him. The sea wind was biting, and the waves crashed against the hull in a monotonous rhythm. He had never been to the island before, but the letter he had received a week earlier had been impossible to ignore:

"Come to the Mountains. The birds will show you the way."

That was all it said. No sender, no explanation. Still, it felt as if the letter had called his name, as if it knew him better than he knew himself.

Søren was a professor of literature and had always been drawn to the unusual. His life had been calm, almost undisturbed, since he moved to Aarhus ten years ago. The work, the books, the solitude—everything had suited him. But now here he was, on his way to an unknown island in the Kattegat, driven by an indefinable curiosity.

The ferry approached the quay. The island was covered in forests and cliffs, with a few scattered houses clinging to the coastline. He immediately noticed how quiet it was, as if time moved more slowly here.

After checking in at the small guesthouse he had found, he went out to explore. The paths were winding, and the fir trees cast long shadows in the setting sun. Søren found himself on top of a hill, where the view was overwhelming—the forest, the sea, and the distant mountains the island was named after.

It was here that he first saw them: the birds.

Hundreds of them flew in intricate patterns over the mountains. They moved as one organism, and Søren couldn't take his eyes off them. It was as though they were trying to communicate something.

That night he dreamt. He found himself in an old library, filled with books written in languages he couldn't understand. A woman with black hair and a green dress appeared. She looked at him without saying a word, but her eyes were filled with a melancholy that felt almost familiar.

"The birds are waiting," she finally said. "But you must find the key first."

When he woke up, he sat up in bed, his heart beating fast. The dream had felt so real, as though it had left an invisible residue in the room around him.

The following days became stranger and stranger. As he explored the island, he began to find small signs—a rusted keyhole in an old oak tree, a stone with engraved symbols, and a small bird feather, perfectly placed in the middle of a path.

Each night, he dreamt of the woman in the green dress. Each time, she gave him a new riddle, leading him further into the island's mystery.

On the fifth day, Søren found a hidden path leading up to the mountains. It was a steep and strenuous climb, but something pushed him forward—a feeling that he was getting closer to something important.

When he reached the top, the birds were waiting. They sat on the rocks, silent and observant, as if they had been waiting for him.

In the center of the rock formation lay a large, flat stone, covered in engravings that resembled the symbols he had seen earlier. Søren stepped carefully forward and touched the surface of the stone.

For a moment, it felt as though the entire world had come to a halt. Then the sounds came—the calls of the birds, the wind through the trees, and a distant, melodic voice that seemed to be calling his name.

He woke up at the foot of the mountains, with the sun rising over the horizon. The birds were gone, and he couldn't remember exactly what had happened. But something had changed.

As he traveled back to the mainland, he felt light, almost weightless. The letter, the dreams, the birds—everything was like a veil that had been lifted.

Søren knew he would never find a clear answer to what had happened on the island. But maybe that wasn't the point. Maybe it was enough to know that he had been there, that he had seen the birds, and that somehow, they had changed him.

Hjertets Sange

I en lille landsby på Sjælland, hvor himlen altid synes at hænge lavt, og luften er tung af lavendel og gamle minder, begyndte Anna at høre sangene. Først troede hun, det var vinden, der legede mellem trækronerne, men så hørte hun ordene.

Mads' stemme.

Hun havde mistet sin mand for fem år siden. Han var død stille en sommernat, med hænderne foldet som til bøn, og ansigtet vendt mod stjernerne. Men nu, hver aften ved solnedgang, hørte hun hans stemme synge de sange, han altid havde sunget for hende.

"Du er mit lys i mørket," lød det fra skoven, som om han stadig var der.

Anna fortalte det først ikke til nogen. Hun gik gennem dagene med en stille glæde, som hun bar som en hemmelig skatkiste. Men i en landsby som deres kunne hemmeligheder ikke forblive skjulte længe.

En aften, mens hun plukkede lavendel foran sit hus, kom naboen Ingrid forbi.

"Du ser anderledes ud, Anna. Som om noget har ændret sig."

Anna tøvede. Men så pegede hun mod skoven og sagde, "Jeg hører Mads. Hans stemme. Han synger for mig."

Ingrid trak vejret dybt og sagde intet. Men næste dag begyndte hvisken at sprede sig.

Landsbyen var en lille og tæt sammenspundet verden, hvor alle kendte hinandens historier. Før længe samlede en gruppe sig foran Annas hus. De ville høre mere.

"Fortæl os, hvad du har hørt," sagde Søren, landsbyens ældste, der altid bar en stok, selvom han ikke havde brug for den.

Anna førte dem til skovkanten. "Han synger ved solnedgang," forklarede hun. "Hvis I lytter, kan I også høre ham."

De ventede i stilhed, mens solen gled ned bag træerne. Først var der ingenting. Kun vinden og lyden af blade, der raslede. Men så, svagt og som fra en anden verden, begyndte sangen.

Det var Mads' stemme. Klar, varm og fuld af den kærlighed, han altid havde haft for Anna.

De næste dage blev skoven fyldt med mennesker. Nogle kom med lys, andre med blomster. De sagde, at det ikke kun var Anna, der hørte sangen. Flere begyndte at høre stemmer – ikke kun Mads', men også deres egne tabte elskede.

"Det er et mirakel," hviskede landsbypræsten.

Men ikke alle var enige.

Lars, landsbyens pragmatiker og ejer af møllen, insisterede på, at det måtte være en slags naturlig forklaring. "Det er vinden," sagde han. "Eller måske lyden af dyr. Der er ingen ånder her."

Men selv Lars fandt sig selv trukket mod skoven hver aften. Han nægtede at indrømme det, men en aften, da sangene begyndte, knælede han på jorden og græd.

Anna begyndte at føle, at sangene var en gave, men også en byrde. Hendes lille, private forbindelse med Mads var nu blevet landsbyens centrum. Folk begyndte at spørge hende, hvad hun troede, det betød.

"Jeg ved det ikke," sagde hun en aften til Ingrid. "Men måske handler det ikke om at forstå. Måske er det nok bare at lytte."

En dag kom sangene ikke. Anna sad ved skovkanten og ventede, mens solen gik ned, men alt var stille. En rastløshed spredte sig gennem landsbyen, som om selve livet var blevet trukket ud af luften.

Næste morgen vågnede Anna og gik ind i skoven alene. Hun fulgte de stier, hun og Mads engang havde gået sammen. Pludselig stod hun ved en lysning, hvor solen ramte jorden som et gyldent tæppe.

Der, midt i lysningen, stod en gammel træstub. På den lå en enkelt lavendelblomst og en lille fugl, der kiggede på hende med klare, intelligente øjne.

Og så, lige så stille, begyndte fuglen at synge.

Sangen var anderledes end Mads' stemme, men den bar den samme melodi. Den var en påmindelse, tænkte Anna, om at kærlighed aldrig rigtig forsvinder. Den ændrer bare form.

Da hun vendte tilbage til landsbyen, sagde hun ikke noget til nogen. Hun vidste, at sangene måske ikke ville vende tilbage. Men det var også okay.

Hun havde hørt nok til at vide, at kærlighed aldrig dør.

The Songs of the Heart

In a small village on Zealand, where the sky always seems to hang low and the air is thick with lavender and old memories, Anna began to hear the songs. At first, she thought it was the wind playing among the treetops, but then she heard the words.

Mads' voice.

She had lost her husband five years ago. He had died quietly on a summer night, with his hands folded as if in prayer, and his face turned toward the stars. But now, every evening at sunset, she heard his voice singing the songs he had always sung for her.

"You are my light in the dark," came from the forest, as if he were still there.

At first, Anna didn't tell anyone. She moved through the days with a quiet joy, carrying it like a secret treasure chest. But in a village like theirs, secrets couldn't stay hidden for long.

One evening, while picking lavender in front of her house, her neighbor Ingrid passed by.

"You look different, Anna. As if something has changed."

Anna hesitated. But then she pointed toward the forest and said, "I hear Mads. His voice. He sings for me."

Ingrid took a deep breath and said nothing. But the next day, the whispering began to spread.

The village was a small, tightly-knit world where everyone knew each other's stories. Before long, a group gathered in front of Anna's house. They wanted to hear more.

"Tell us what you've heard," said Søren, the village elder, who always carried a cane, even though he no longer needed it.

Anna led them to the edge of the forest. "He sings at sunset," she explained. "If you listen, you can hear him too."

They waited in silence as the sun sank behind the trees. At first, there was nothing. Only the wind and the sound of rustling leaves. But then, faintly and as though from another world, the song began.

It was Mads' voice. Clear, warm, and full of the love he had always had for Anna.

The next days saw the forest filled with people. Some came with candles, others with flowers. They said that it wasn't just Anna who heard the song. More and more people began hearing voices – not just Mads', but also their own lost loved ones.

"It's a miracle," whispered the village priest.

But not everyone agreed.

Lars, the village pragmatist and mill owner, insisted that there must be a natural explanation. "It's the wind," he said. "Or maybe the sound of animals. There are no spirits here."

But even Lars found himself drawn to the forest every evening. He refused to admit it, but one evening, when the songs began, he knelt on the ground and wept.

Anna began to feel that the songs were both a gift and a burden. Her small, private connection with Mads had now become the center of the village. People began asking her what she thought it meant.

"I don't know," she said one evening to Ingrid. "But maybe it's not about understanding. Maybe it's enough just to listen."

One day, the songs did not come. Anna sat by the forest edge and waited while the sun set, but everything was quiet. A restlessness spread through the village, as if life itself had been drained from the air.

The next morning, Anna woke and went into the forest alone. She followed the paths she and Mads had once walked together. Suddenly, she stood in a clearing where the sun hit the ground like a golden blanket.

There, in the middle of the clearing, stood an old tree stump. On it lay a single lavender flower and a small bird, looking at her with clear, intelligent eyes.

And then, quietly, the bird began to sing.

The song was different from Mads' voice, but it carried the same melody. It was a reminder, Anna thought, that love never really disappears. It just changes form.

When she returned to the village, she said nothing to anyone. She knew the songs might not come back. But that was okay too.

She had heard enough to know that love never dies.

Kærlighed i Mørket

Regnen trommede blødt mod ruderne, mens Lærke sad i sit lille fotostudie i hjertet af Aarhus. Gadelamperne kastede et gyldent skær ind i rummet, hvor fotografier dækkede væggene som en mosaik af minder. Hendes kamera lå på bordet foran hende, men inspirationen, der normalt kom let, var væk.

Det var på en af de aftener, hvor byen var stille, at Emil dukkede op. Han trådte ind med en selvsikkerhed, der stod i skarp kontrast til hans mørke blik. Hans sorte frakke dryppede af regn, og han havde en notesbog klemt fast under armen.

"Lærke?" spurgte han med en stemme, der var både ru og blød.

Hun så op og nikkede. "Ja, det er mig. Hvem er du?"

"Emil. Jeg skriver for *Aarhus Kulturnyt*. Vi laver en artikel om lokale kunstnere, og dit navn kom op."

Det blev begyndelsen.

De næste uger kom Emil ofte forbi studiet. Han interviewede hende, tog noter og kiggede på hendes billeder med en intensitet, der fik hende til at føle sig både set og udsat.

Lærke lærte hurtigt, at Emil ikke kun var en journalist, men også en forfatter. Hans romaner havde en loyal følgerskare, og han bar på en aura af mystik, som hun ikke kunne undgå at blive draget af.

De begyndte at mødes uden for studiet – til kaffe, gåture langs åen, og aftener på små barer, hvor de delte deres drømme og frygt. Lærke fortalte ham om sin passion for at fange øjeblikke gennem linsen, mens Emil beskrev sin kamp med ordene, der nogle gange nægtede at samarbejde.

Men Emil bar på noget, som han ikke delte.

En aften, da de sad på en bænk ved havnen, spurgte Lærke: "Hvorfor virker det, som om du gemmer noget? Som om der er en del af dig, du ikke vil vise?"

Han så væk, hans blik rettet mod det sorte vand. "Vi har alle vores spøgelser," svarede han efter et stykke tid.

En uge senere kom sandheden frem.

Lærke var på vej hjem fra en fotosession, da hun besluttede at gå forbi Emils lejlighed. Hun bankede på, men der kom ingen svar. Døren stod dog på klem, og nysgerrigheden fik det bedste af hende.

Inde i lejligheden var der en væg dækket af billeder. Men ikke hans egne. Det var avisudklip og fotografier af en kvinde, der lignede Lærke. Ikke fuldstændig, men nok til at få hendes hjerte til at banke hurtigere.

Hun trådte tilbage, men før hun kunne nå døren, stod Emil der.

"Hvad laver du her?" spurgte han, hans stemme lav og fuld af noget, hun ikke kunne placere.

Han fortalte hende historien den aften.

Kvinden på væggen var Clara, hans tidligere forlovede. Hun var død under tragiske omstændigheder, og Emil havde aldrig helt kunnet give slip på skylden og sorgen. Han indrømmede, at Lærke mindede ham om Clara, og at det var derfor, han først havde opsøgt hende.

"Men det er mere end det nu," sagde han og så hende i øjnene. "Du er ikke hende. Du er dig. Og jeg vil ikke miste dig."

Lærke var overvældet. Hun trak sig tilbage i flere dage for at tænke. Var hendes følelser ægte, eller var de farvet af hans fortid?

Hun tog sit kamera og gik ud for at finde svar. Gennem linsen begyndte hun at se verden med klarhed igen. Hun fangede lyset i mørket, refleksioner i vandpytter, og til sidst hendes eget spejlbillede i en rude.

Hun elskede ham.

Da hun gik tilbage til Emils lejlighed, åbnede han døren med et blik, der afslørede, at han havde frygtet det værste.

"Jeg vil ikke være en erstatning," sagde hun.

"Du er ikke en erstatning," svarede han. "Du er den eneste."

Deres kærlighed blev ikke perfekt. Der var stadig skygger fra fortiden, men de lærte at danse med dem i stedet for at kæmpe imod dem.

I Aarhus' gader fandt de en ny begyndelse, hvor mørket kun gjorde lyset stærkere.

Love in the Dark

The rain softly drummed against the windows as Lærke sat in her small photography studio in the heart of Aarhus. The streetlights cast a golden glow into the room, where photographs covered the walls like a mosaic of memories. Her camera lay on the table in front of her, but the inspiration that usually came so easily was nowhere to be found.

It was on one of those quiet evenings when the city was still that Emil appeared. He walked in with a confidence that contrasted sharply with his dark gaze. His black coat dripped with rain, and he had a notebook tucked firmly under his arm.

"Lærke?" he asked, his voice both rough and soft.

She looked up and nodded. "Yes, that's me. Who are you?"

"Emil. I write for *Aarhus Kulturnyt*. We're doing an article on local artists, and your name came up."

It was the beginning.

In the following weeks, Emil came by the studio often. He interviewed her, took notes, and looked at her photographs with an intensity that made her feel both seen and vulnerable.

Lærke quickly learned that Emil wasn't just a journalist but also a writer. His novels had a loyal following, and he carried an aura of mystery that she couldn't help but be drawn to.

They began to meet outside the studio—over coffee, walks along the river, and evenings at small bars, where they shared their dreams and fears. Lærke told him about her passion for capturing moments through the lens, while Emil described his struggle with words that sometimes refused to cooperate.

But Emil was carrying something he didn't share.

One evening, while they were sitting on a bench by the harbor, Lærke asked, "Why does it feel like you're hiding something? Like there's a part of you you're not willing to show?"

He looked away, his gaze fixed on the black water. "We all have our ghosts," he answered after a while.

A week later, the truth came out.

Lærke was on her way home from a photoshoot when she decided to stop by Emil's apartment. She knocked, but there was no answer. However, the door was slightly ajar, and curiosity got the better of her.

Inside the apartment, there was a wall covered in photographs. But not his own. It was newspaper clippings and photos of a woman who looked like Lærke. Not exactly, but enough to make her heart race.

She stepped back, but before she could reach the door, Emil was there.

"What are you doing here?" he asked, his voice low, filled with something she couldn't place.

That evening, he told her the story.

The woman on the wall was Clara, his former fiancée. She had died under tragic circumstances, and Emil had never fully been able to let go of the guilt and grief. He admitted that Lærke reminded him of Clara, which was why he had sought her out in the first place.

"But it's more than that now," he said, looking her in the eye. "You are not her. You are you. And I don't want to lose you."

Lærke was overwhelmed. She withdrew for several days to think. Were her feelings genuine, or were they colored by his past?

She took her camera and went out to find answers. Through the lens, she began to see the world with clarity again. She captured the light in the dark, reflections in puddles, and finally her own reflection in a window.

She loved him.

When she returned to Emil's apartment, he opened the door with a look that revealed he had feared the worst.

"I don't want to be a replacement," she said.

"You are not a replacement," he replied. "You are the only one."

Their love was not perfect. There were still shadows from the past, but they learned to dance with them rather than fight against them.

In the streets of Aarhus, they found a new beginning, where the darkness only made the light shine brighter.

Den Forsvundne Dag

Aksel vågnede med en tung følelse i kroppen, som om han havde sovet i hundrede år. Sollyset, der skinnede gennem de tynde gardiner, virkede skarpt og malplaceret. Han greb efter sin telefon på natbordet. Klokken viste 09:17, men det var datoen, der fik hans hjerte til at springe et slag over.

Onsdag den 7. juni.

Det var umuligt.

Han huskede tydeligt at have lagt sig til at sove mandag aften. Han havde haft planer for tirsdag – en frokostaftale med sin gamle ven Mikkel og en vigtig præsentation på arbejdet. Men nu var tirsdag væk. Forputtet.

Aksel gik gennem sin lejlighed i en tåge, som om hvert skridt skulle vække ham fra en drøm. Kaffemaskinen stod stadig med gårsdagens kaffegrums i filteret, og postkassen indeholdt intet, der kunne forklare det manglende døgn.

Han ringede til Mikkel.

"Godmorgen," svarede Mikkel afslappet.

"Mikkel, hvad skete der i går?" spurgte Aksel uden omsvøb.

"Øh, hvad mener du?"

"Jeg... Jeg tror, jeg mistede en dag. Jeg husker intet fra i går."

Der var en pause på linjen. Så grinede Mikkel nervøst. "Er det en joke? Vi så jo hinanden i går. Du var lidt stille, men ellers helt normal."

"Så vi hinanden?" Aksel mærkede sveden pible frem på panden.

"Ja. Vi spiste frokost på den der italienske café. Kan du virkelig ikke huske det?"

Han kunne ikke.

Han satte sig på sofaen og stirrede på væggen. Det føltes som at have et puslespil med et manglende brik – ingen mening i det hele.

Da han tjekkede sin kalender på telefonen, stod frokostaftalen noteret som afsluttet. Præsentationen på arbejdet var også markeret som udført, men han havde ingen erindring om det.

Om aftenen gik han en tur gennem byen. Gaderne var oplyste af gadelamper og neonskilte, og alt føltes mærkeligt fremmed, som om han gik i en kulisse.

Ved en lille café med navnet *Tidens Hus* stoppede han op. Der var noget ved navnet, der trak i ham. Skiltet over døren var gammelt og falmet, og caféen virkede næsten forladt.

Han gik ind.

Bag disken stod en ældre mand med sølvgråt hår og briller, der glimtede i det svage lys.

"Velkommen," sagde manden, som om han ventede på Aksel.

"Jeg… jeg tror, jeg har mistet en dag," sagde Aksel, uden at vide hvorfor han valgte netop de ord.

Manden nikkede langsomt, som om han havde hørt det før. "Det er ikke usædvanligt."

Aksel stirrede på ham. "Hvad mener du?"

"Tid er en mærkelig ting," sagde manden og begyndte at tørre en kaffekop. "Nogle gange bøjes den, andre gange forsvinder den. Du har måske blot oplevet en forskydning."

"En forskydning?" Aksel rystede på hovedet. "Jeg vil vide, hvad der skete."

Den gamle mand lagde koppen ned og pegede mod et lille bord i hjørnet. "Sæt dig. Jeg finder noget, der kan hjælpe."

Aksel satte sig, og efter et øjeblik kom manden tilbage med en bog. Den var gammel, med en læderindbinding, der næsten faldt fra hinanden.

"Læs dette," sagde han og skubbede bogen hen over bordet.

Da Aksel åbnede den, var siderne fyldt med håndskrevne noter og skitser. Der var datoer, der virkede bekendte, og beskrivelser af steder og mennesker, som han følte, han burde kende.

Pludselig stoppede han. På en af siderne stod der med fed skrift: "Aksel – Den 6. juni."

Hans hjerte hamrede. Han læste videre. Beskrivelsen handlede om en mand, der gik gennem byen, mødte en fremmed ved navn Jonas, og sammen gik de ind i en café, hvor tiden gik i stå.

Jonas.

Navnet føltes som et ekko i hans sind. Han kunne næsten se et ansigt – unge, intense øjne og et skævt smil.

"Manden, Jonas – hvem er han?" spurgte Aksel og så op på den gamle mand.

"En rejser," sagde manden roligt. "Han bevæger sig mellem tider, som vi andre bevæger os mellem steder. Du mødte ham. Måske hjalp han dig med noget, eller måske tog han noget fra dig."

Aksel mærkede en kulde løbe ned ad ryggen. "Kan jeg finde ham igen?"

Manden smilede svagt. "Kun hvis han ønsker det."

Da Aksel gik ud af caféen, føltes luften tungere. Gaden var stille, og månen hang lavt på himlen.

Han havde ikke fået svar, men han havde en mærkelig følelse af, at han var tættere på noget. Noget vigtigt.

I lommen fandt han pludselig en lille papirlap, som han ikke huskede at have lagt der. På den stod kun et ord:

"Vent."

The Missing Day

Aksel woke with a heavy feeling in his body, as though he had slept for a hundred years. The sunlight streaming through the thin curtains seemed harsh and misplaced. He reached for his phone on the nightstand. The time read 09:17, but it was the date that made his heart skip a beat.

Wednesday, June 7.

It was impossible.

He clearly remembered going to bed on Monday night. He had plans for Tuesday – a lunch meeting with his old friend Mikkel and an important presentation at work. But now Tuesday was gone. Vanished.

Aksel walked through his apartment in a daze, as though each step was meant to wake him from a dream. The coffee machine still had yesterday's grounds in the filter, and the mailbox contained nothing that could explain the missing day.

He called Mikkel.

"Good morning," Mikkel answered casually.

"Mikkel, what happened yesterday?" Aksel asked bluntly.

"Uh, what do you mean?"

"I... I think I lost a day. I remember nothing from yesterday."

There was a pause on the line. Then Mikkel nervously laughed. "Is this a joke? We saw each other yesterday. You were a bit quiet, but otherwise, completely normal."

"So we saw each other?" Aksel felt sweat begin to bead on his forehead.

"Yeah. We had lunch at that Italian café. You really don't remember?"

He didn't.

He sat down on the couch and stared at the wall. It felt like having a puzzle with a missing piece – no sense to it all.

When he checked his phone's calendar, the lunch meeting was marked as completed. The presentation at work was also marked as done, but he had no memory of it.

That evening, he took a walk through the city. The streets were lit by streetlamps and neon signs, and everything felt strangely foreign, as if he were walking on a set.

At a small café called *The House of Time*, he stopped. There was something about the name that pulled at him. The sign above the door was old and faded, and the café seemed almost abandoned.

He went inside.

Behind the counter stood an older man with silver-gray hair and glasses that glinted in the dim light.

"Welcome," the man said, as if he had been expecting Aksel.

"I... I think I've lost a day," Aksel said, not knowing why he chose those words.

The man nodded slowly, as though he had heard it before. "It's not uncommon."

Aksel stared at him. "What do you mean?"

"Time is a strange thing," the man said, beginning to wipe a coffee cup. "Sometimes it bends, other times it disappears. You may have just experienced a shift."

"A shift?" Aksel shook his head. "I want to know what happened."

The old man set the cup down and pointed toward a small table in the corner. "Sit. I'll find something that can help."

Aksel sat down, and after a moment, the man returned with a book. It was old, with a leather binding that was nearly falling apart.

"Read this," he said, sliding the book across the table.

When Aksel opened it, the pages were filled with handwritten notes and sketches. There were dates that seemed familiar, and descriptions of places and people that he felt he should know.

Suddenly, he stopped. On one of the pages, written in bold text: "Aksel – June 6."

His heart raced. He read on. The description was about a man walking through the city, meeting a stranger named Jonas, and together they entered a café where time stood still.

Jonas.

The name echoed in his mind. He could almost see a face – young, intense eyes and a crooked smile.

"The man, Jonas – who is he?" Aksel asked, looking up at the old man.

"A traveler," the man said calmly. "He moves between times, just as we move between places. You met him. Maybe he helped you with something, or maybe he took something from you."

Aksel felt a chill run down his spine. "Can I find him again?"

The man smiled faintly. "Only if he wants to."

As Aksel left the café, the air felt heavier. The street was quiet, and the moon hung low in the sky.

He hadn't gotten answers, but he had a strange sense that he was closer to something. Something important.

In his pocket, he suddenly found a small scrap of paper that he didn't remember putting there. On it, only one word was written:

"Wait."

Skygger Over København

Erik sad på sin lille altan i hjertet af København og stirrede ud over de regnvåde gader. Byens sædvanlige livlige atmosfære var dæmpet, som om den delte hans bekymringer. Hans blik gled over horisonten, hvor de nybyggede tårne fra regeringsdistriktet rejste sig som mørke skygger mod himlen.

Avisen, som lå på bordet ved siden af hans kolde kaffekop, bar dagens overskrift: "Regeringen Indfører Nye Datasikkerhedslove". Men Erik vidste, at der lå noget langt mere dystert bag disse neutrale ord.

Det hele var begyndt med en e-mail fra en anonym afsender for en uge siden. Den havde indeholdt en enkelt fil: et regeringsdokument mærket "Strengt Fortroligt." Indholdet var chokerende. Det afslørede et systematisk program, hvor staten sporede og manipulerede borgernes adfærd gennem deres digitale enheder.

Som journalist vidste Erik, at han sad på en historie, der kunne ryste nationen. Men han vidste også, at hvis han offentliggjorde det uden solide beviser, ville han blive knust.

Han havde brug for hjælp.

Mette var den første, han tænkte på. Hun var forsker på Københavns Universitet og kendt for sin frygtløse kritik af regeringen. De havde arbejdet sammen før, men hendes seneste forskningsprojekt om digital etik havde gjort hende til en persona non grata i de officielle kredse.

Da han mødte hende på en anonym café på Nørrebro, var hun skeptisk.

"Erik, hvis det her er en fælde, så er jeg færdig," sagde hun og stirrede på ham med intense øjne.

"Det er det ikke," forsikrede han og skubbede dokumentet over bordet til hende. "Jeg har brug for din ekspertise til at forstå det her."

Hun åbnede filen på sin bærbare computer og skimmede teksten. Hendes øjne blev mørkere for hver linje.

"Hvis det her er ægte..." begyndte hun, men tav.

"Så hvad?" spurgte han.

"Så har vi et problem. Et stort problem."

De næste dage arbejdede de i skjul. Mette analyserede dokumentet, mens Erik forsøgte at finde flere kilder. De holdt deres møder på forskellige steder hver dag – gamle boghandlere, tomme biblioteker, og endda i et nedlagt teater.

"Systemet er langt mere komplekst, end jeg troede," sagde Mette en aften, mens de sad i en lille lejlighed, hun havde lånt af en ven. "Det handler ikke kun om overvågning. De manipulerer også adfærd – sociale medier, nyhedsfeeds, alt. Det er som en digital skygge, der styrer vores liv."

Erik følte en voksende paranoia. Han begyndte at bemærke mænd i mørke jakker, der altid syntes at stå lidt for længe på gadehjørnerne, og biler, der fulgte efter ham.

En nat blev hans lejlighed brudt ind i. Da han kom hjem, fandt han sine papirer gennemrodet, men intet var stjålet. Det var en advarsel.

"De ved, hvad vi laver," sagde han til Mette.

"Så må vi skynde os," svarede hun med et blik, der ikke efterlod plads til frygt.

De besluttede at gå til en gammel kontakt af Erik, en redaktør på en uafhængig avis, der stadig havde modet til at udgive kontroversielle historier.

Men på vej til mødet blev de stoppet.

To mænd i sorte jakkesæt trådte frem fra skyggerne på en mørk gade og blokerede deres vej.

"Vi anbefaler, at I stopper her," sagde den ene med en stemme, der var rolig, men truende.

Mette greb Erik i armen. "Vi har ikke tid til det her," hviskede hun.

Erik nikkede og tog en dyb indånding. "Vi gør det alligevel," sagde han højt.

De løb.

Jagten førte dem gennem de smalle gader i Indre By. Deres åndedræt var tungt, og Erik mærkede adrenalinen pumpe i hans årer. De nåede redaktørens kontor lige før midnat.

"Vi har noget, der kan ændre alt," sagde Erik, da han stak dokumenterne i hænderne på den søvnige mand, der åbnede døren.

Dagen efter ramte historien forsiderne.

"Regeringen Overvåger og Manipulerer Borgere," lød overskriften.

Reaktionen var øjeblikkelig og voldsom. Demonstrationer brød ud i hele landet, og regeringen blev tvunget til at svare.

Men for Erik og Mette var kampen ikke slut.

De vidste, at sandheden var begyndelsen – og skyggerne over København ville ikke forsvinde uden kamp.

Shadows Over Copenhagen

Erik sat on his small balcony in the heart of Copenhagen, staring out over the rain-soaked streets. The city's usual lively atmosphere was subdued, as though it shared his concerns. His gaze drifted over the horizon, where the newly built towers from the government district rose like dark shadows against the sky.

The newspaper, lying on the table next to his cold coffee cup, had today's headline: "Government Introduces New Data Security Laws". But Erik knew that there was something much darker behind these neutral words.

It all began with an email from an anonymous sender a week ago. It contained a single file: a government document labeled "Top Secret." The contents were shocking. It revealed a systematic program where the state tracked and manipulated citizens' behavior through their digital devices.

As a journalist, Erik knew he had a story that could shake the nation. But he also knew that if he released it without solid proof, he would be crushed.

He needed help.

Mette was the first person he thought of. She was a researcher at the University of Copenhagen and known for her fearless criticism of the government. They had worked together before, but her latest research project on digital ethics had made her persona non grata in official circles.

When he met her at an anonymous café in Nørrebro, she was skeptical.

"Erik, if this is a trap, I'm done for," she said, staring at him with intense eyes.

"It's not," he reassured her, pushing the document across the table to her. "I need your expertise to understand this."

She opened the file on her laptop and skimmed the text. Her eyes grew darker with every line.

"If this is real…" she began but trailed off.

"Then what?" he asked.

"Then we have a problem. A big one."

The next days were spent working in secret. Mette analyzed the document while Erik tried to find more sources. They held their meetings in different places every day—old bookstores, empty libraries, and even an abandoned theater.

"The system is far more complex than I thought," Mette said one evening, as they sat in a small apartment she had borrowed from a friend. "It's not just about surveillance. They're manipulating behavior too—social media, newsfeeds, everything. It's like a digital shadow controlling our lives."

Erik felt a growing paranoia. He began noticing men in dark coats who always seemed to linger a little too long on street corners, and cars following him.

One night, his apartment was broken into. When he came home, he found his papers rifled through, but nothing was stolen. It was a warning.

"They know what we're doing," he said to Mette.

"Then we need to hurry," she replied, her gaze leaving no room for fear.

They decided to go to an old contact of Erik's, an editor at an independent newspaper who still had the courage to publish controversial stories

But on their way to the meeting, they were stopped.

Two men in black suits stepped out from the shadows on a dark street, blocking their path.

"We advise you to stop here," one of them said in a calm but threatening voice.

Mette grabbed Erik's arm. "We don't have time for this," she whispered.

Erik nodded and took a deep breath. "We're doing it anyway," he said loudly.

They ran.

The chase led them through the narrow streets of the Inner City. Their breaths were heavy, and Erik felt the adrenaline pumping through his veins. They reached the editor's office just before midnight.

"We've got something that could change everything," Erik said, handing the documents to the sleepy man who opened the door.

The next day, the story hit the front pages.

"Government Monitors and Manipulates Citizens," the headline read.

The reaction was immediate and fierce. Protests broke out across the country, and the government was forced to respond.

But for Erik and Mette, the fight was not over.

They knew the truth was just the beginning—and the shadows over Copenhagen wouldn't disappear without a fight.

www.ingramcontent.com/pod-product-compliance
Lightning Source LLC
Chambersburg PA
CBHW070313160726
47999CB00003B/1003